EMG3-0102
合唱楽譜<J-POP>

J-POP
CHORUS PIECE

合唱で歌いたい！ J-POPコーラスピース

混声3部合唱

青いベンチ

（サスケ）

作詞・作曲：北清水雄太　合唱編曲：池田健太

JN215052

●●● 演奏のポイント ●●●

♪女声パートのAメロ・Bメロには、低い音が沢山あります。言葉も声も埋もれてしまわないように、響きを大事に歌いましょう。

♪音楽が前に流れるように、ビートを感じて歌いましょう。ピアノ伴奏をよく聴きながら歌うと良いでしょう。

♪卒業の雰囲気が感じられる、しっとりとしたアレンジとなっています。原曲のテンポ感で元気よく歌いたい場合は、テンポを♩＝108～116くらいに上げると良いでしょう。

♪歌詞をよく理解し、それぞれの場面で表現を工夫しましょう。特に、転調部分は一番盛り上がる部分です。力強く歌い上げましょう。

【この楽譜は、旧商品『青いベンチ〔混声3部合唱〕』（品番：EME-C3102）とアレンジ内容に変更はありません。】

ELEVATO
MUSIC ENTERTAINMENT

青いベンチ

作詞・作曲:北清水雄太　合唱編曲:池田健太

Elevato Music
EMG3-0102

A
9
mf
きみはーくるーだろうかー あしたーの クーラスかいーに
mf
きみはーくるーだろうかー あしたーの クーラスかいーに
A
G C D G Em7 Bm7 C D
mf
13
はんぶーんに おりまげたー 「あんない」を もういちどみるー
はんぶーんに おりまげたー 「あんない を もういちどみるー
G C B7 Em7 Am7 Dsus4 Gsus4 G
17
B
つきあーーってーたころー ぼくらーてをーつなぎながら
つきあーーってーたころー ぼくらーてをーつなぎながら
mf
つきあーーってーたころー ぼくらーてをーつなぎながら
B
G C D G Em7 Bm7 C D
mf

21
あ る い ー た な み き み ち ー た く さ ん の ひ と が ゆ く よ ー
あ る い ー た な み き み ち ー Lu lu La la
あ る い ー た な み き み ち ー Lu lu lu lu
G C B7 Em7 Am7 Dsus4 C/G G
25 C
mp
Uh
mp mf
Uh え き
mf
ああ ー い つ も ぼ ー く が ー ま た せ た ー ー
C C Bm7 Am7 Am/D G
29
mf cresc.
え き で ー ま つ は ず ー な い き み を さ が ー す け ど ー
cresc.
で ー ま つ は ず ー な い き み を さ が ー す け ど ー さ が ー す け ど
cresc.
き み を さ が ー す け ど ー さ が ー す け ど
C Bm7 Am7 A7/C♯ D Dsus4 D
cresc.

33
f
D
ー このこ えがー かれるくらーいにー きみにす きと いえば
ー このこ えがー かれるくらーいにー きみにす きと いえば
ー このこ えがー かれるくらーいにー きみにす きと いえば
f
Em C D G B7/F♯ Em7 C
37
よかーったー あいた くてー しかたなかーったー どこにい てもー なに
よかーったー あいた くてー しかたなかーったー どこにい てもー なに
よかーったー あいた くてー しかたなかーったー どこにい てもー なに
D G Bm/F♯ Em7 Cadd9 D G B7 Em7 C
41
E
をしてーても ー
をしてーても ー
をしてーても ー
D G G C D G Em7 Am

45
F
mp
Lu lu lu lu lu
mf
ホ ー ム ー の そ
mf
ゆ う が ー た の ー く も が ー
ホ ー ム ー の そ
mf
ゆ う が ー た の ー く も が ー
ホ ー ム ー の そ
D7 G
F G C D G Em7 Bm7
mf
49
ー ら を ぬ け ー る こ の ま ー ち で ぼ く は ー ゆめをみ て た び し て い る
ー ら を ぬ け ー る こ の ま ー ち で ぼ く は ー ゆめをみ て た び し て い る
mp
ー ら を ぬ け ー る こ の ま ー ち で ぼ く は ー Ah
C D G C B Em Am7 Dsus4 D7
53
G
mf
ー ああ ー あ お い べ ー ン チ ー こ し か け
mf
ー ああ ー あ お い べ ー ー ン チ ー こ し か け
mf
ああ ー あ お い べ ー ー ン チ ー こ し か け
G
G C G/B Am7 Am7/D
8va

57
cresc.
ー きみがー てをふーった あのひおもーいだすよ
ー きみが ー てをふーった あのひおもーいだすよ
ー きみが ー てをふーった あのひおもーいだすよ
G C Bm7 Am7 A7/C♯
cresc.
61
f
H
ー ー このこ えがー かれるくらーいにー きみに
ー ー このこ えがー かれるくらーいにー きみに
ー ー このこ えがー かれるくらーいにー きみに
D B7 H Em C D G B7/F♯
f
65
す きと いえば よかーったー もうに どとー もどらないーこいー いたみ
す きと いえば よかーっ たー もうに どとー もどらないーこいー いたみ
す きと いえば よかーっ たー もうに どとー もどらないーこいー いたみ
Em7 C D G Bm/F♯ Em7 Cadd9 D G B7

I
69
だ けがー ちょっ と うごーいたー ああー ー きーせつはー お
だ けがー ちょっ と うごーいたー
だ けがー ちょっ と うごーいたー ああー ー きーせつはー
Em7 C D G CM9 D
73
もっ たーより もーす す んーでて Ah きづ
おもーい を かきけ してく きづ
おもーいを かきけしーてく きづ
B7 Em C G/B
77
cresc.
かないほど ーとおく ー とおくー
かないほど ーとおく ー とおくー
かないほど ーとおく ー とおくー このこ えがー かれ
J
Am7 A7/C♯ D B Em C
8va

Elevato Music
EMG3-0102

93
ff
3
にどとー もどらないーこいー いたみだ けがー ちょっとうごーいたー
ff
3
にどとー もどらないーこいー いたみだ けがー ちょっとうごーいたー
ff
3
にどとー もどらないーこいー いたみだ けがー ちょっとうごーいたー
Fm7 D♭add9 E♭ A♭ C7 Fm7 D♭ E♭ A♭
ff
f
97
L
L
A♭ D♭ E♭ A♭ A♭/G Fm7 B♭m7 E♭ A♭
101
rit.
A♭ D♭add9 E♭ A♭ Fm7 B♭m
rit.
E♭7 A♭

青いベンチ（サスケ）

作詞：北清水雄太

君は来るだろうか　明日のクラス会に
半分に折り曲げた「案内」をもう一度見る
つきあってた頃　僕ら手をつなぎながら
歩いた並木道　たくさんの人がゆくよ

ああ　いつも僕が待たせた
駅で待つはず無い　君を捜すけど

この声が枯れるくらいに　君に好きと言えばよかった
会いたくて仕方なかった　どこにいても何をしてても

夕方の雲が　ホームの空を抜ける
この街で僕は　夢を見て旅している

ああ　青いベンチ腰かけ
君が手をふった　あの日思い出すよ

この声が枯れるくらいに　君に好きと言えばよかった
もう二度と戻らない恋　痛みだけがちょっと動いた

ああ　季節は思ったよりも進んでて
思いをかき消してく　気づかない程　遠く

この声が枯れるくらいに　君に好きと言えばよかった
会いたくて仕方なかった　どこにいても何をしてても
この声が枯れるくらいに　君に好きと言えばよかった
もう二度と戻らない恋　痛みだけがちょっと動いた

ELEVATO
MUSIC ENTERTAINMENT

ELEVATO
MUSIC ENTERTAINMENT

エレヴァートミュージックエンターテイメントはウィンズスコアが
展開する「合唱楽譜・器楽系楽譜」を中心とした専門レーベルです。

ご注文について

エレヴァートミュージックエンターテイメントの商品は全国の楽器店、ならびに書店にてお求めになれますが、店頭でのご購入が困難な場合、下記PC&モバイルサイト・FAX・電話からのご注文で、直接ご購入が可能です。

◎PCサイト&モバイルサイトでのご注文方法

http://elevato-music.com

上記のアドレスへアクセスし、WEBショップにてご注文ください。

◎FAXでのご注文方法

FAX.03-6809-0594

24時間、ご注文を承ります。上記PCサイトよりFAXご注文用紙をダウンロードし、
印刷、ご記入の上ご送信ください。

◎お電話でのご注文方法

TEL.0120-713-771

営業時間内に電話いただければ、電話にてご注文を承ります。